Chaillot.

Histoire d'Avignon..

I

A. 1818

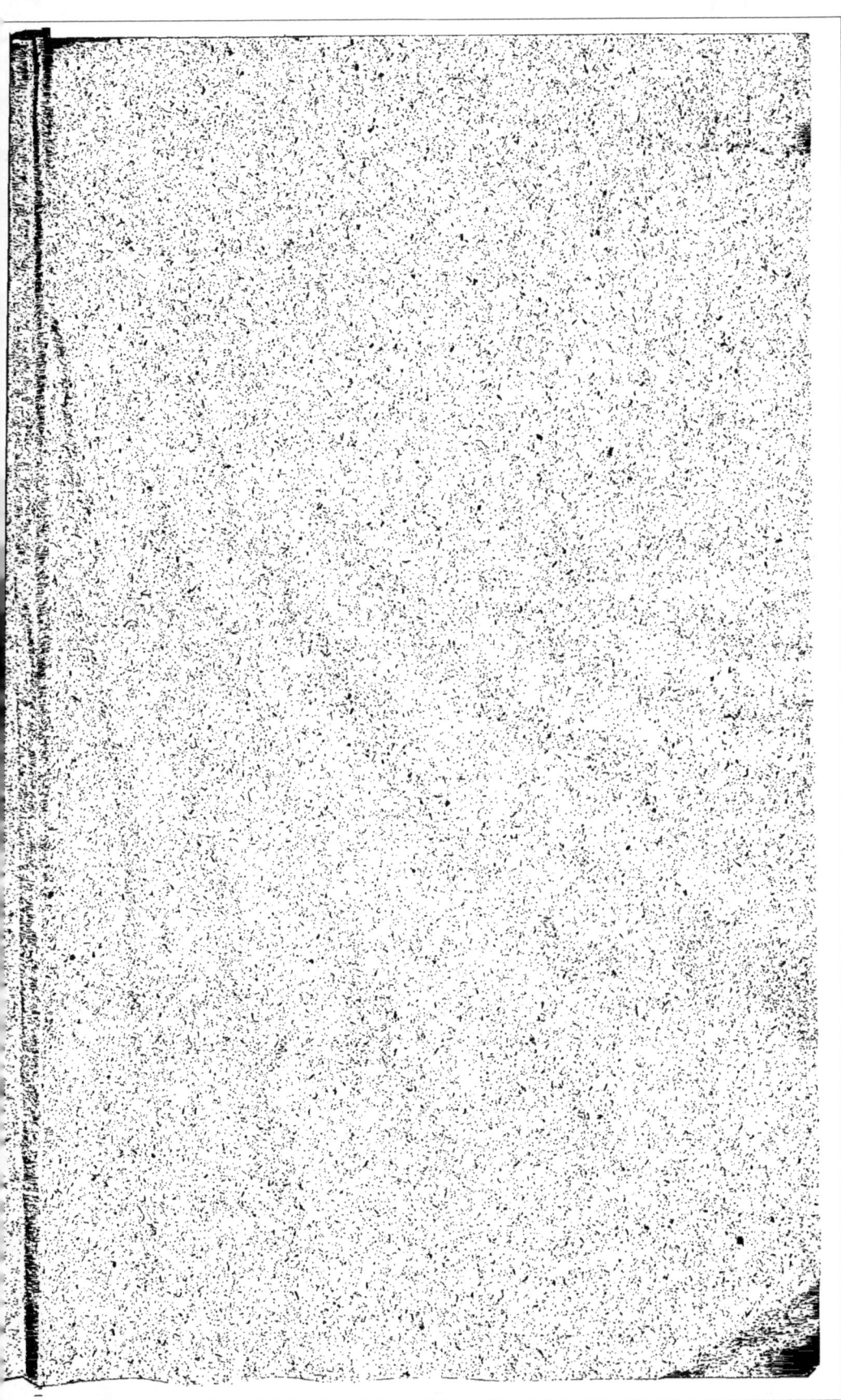

4704

HISTOIRE
D'AVIGNON

ET
DU COMTAT VÉNAISSIN,

DEPUIS LES CAVARES JUSQU'A NOS JOURS.

Par Pierre CHAILLOT,

Auteur de l'Histoire des opérations de l'armée royale; etc. des Révolutions de France, etc.

1ʳᵉ LIVRAISON, prix : 75 c.

(Cette livraison est la seule qui ait paru).

...NON,

...T Jeune, Imp.-Lib.

...hange.

...8.

I

Conserver la couverture

SOUSCRIPTION.

Pour donner à cet ouvrage un débit qui assure son exécution, j'ai cru devoir le publier par livraison de trois feuilles d'impression. Cependant pour me rendre agréable aux personnes qui désireront jouir de l'avantage de l'abonnement, le terme en sera prolongé jusqu'à la fin de la présente année 1818.

L'abonné devra souscrire un billet ainsi conçu :

Je soussigné déclare souscrire pour le nombre de..... exemplaire de l'Histoire d'Avignon, etc. par l'auteur de l'Histoire des opérations de l'armée royale, à raison de 9 francs l'exemplaire. Je payerai 4 fr. à la livraison du 1.er volume ; 3 fr. à la réception du second, et 2 fr. pour le dernier volume.

Ledit ouvrage ne coûtera que 8 fr. aux personnes qui le payeront d'avance.

On souscrit, à Avignon,

Chez Pierre CHAILLOT Jeune, Imp.-Lib. Place du Change.

HISTOIRE
D'AVIGNON
ET
DU COMTAT-VÉNAISSIN.

LIVRE PREMIER.

CHAPITRE PREMIER.

Celtes, Cavares, Vordenses, Méminiens, Tricas-tiniens, Ségaloniens; Voconces. — Mœurs et Usages de ces Peuples.

L'ORIGINE des peuples Cavares et Voconces remonte à la plus haute antiquité. L'obscurité des anciens temps rendra languissantes et stériles les premières pages de cette Histoire ; mais si dans la nuit des siècles, il est peu de faits qu'on puisse donner comme certains, nous ne repousserons pas non plus ces vieilles traditions, ces éclairs rapides de lumière, qui indiquent à l'historien sa route de loin en loin, sans lui promettre une marche assurée.

Tome I.   **A**

La grande nation des Celtes était divisée en plusieurs peuples puissants, parmi lesquels on comptait les Voconces et les Cavares. Ces derniers habitaient la rive gauche du Rhône depuis l'embouchure de l'Isère, dont les Allobroges peuplaient la rive opposée, jusqu'à celle de la Durance, qui les séparait des Salluviens ; ils étaient bornés à l'Est par le pays des Voconces.

Strabon.

Il y avait dans la Gaule des Peuples, qui par leur puissance ont dominé sur d'autres. Sous la dénomination de Cavares, on comprenait les Méminiens, qui avaient pour capitale *Carpentras* ; les Vordenses, *Gordes*; les Tricastiniens, *St. Paul-Trois-Châteaux* ; les Ségalauniens, *Valence*. L'histoire de ces deux derniers peuples nous étant étrangère, nous n'en parlerons qu'autant qu'elle se liera avec notre sujet.

D'Anville.

Les villes Cavares dont les anciens Géographes ont parlé, sont : *Aouenion*, Avignon ; *Arausion*, Orange ; *Caballion*, Cavaillon ; *Ouindalion*, Vedènes ; *Carpentoracte Meminiorum*, Carpentras ; *Forum Neronis*, Mornas ; *Cypresseta*, Sorgues; *Venasca* ou *Vendausca*, Venasque ; *Fines*, Oppède ; *Machovilla*, Menerbes ; *Aeria* et *Acousion*.

Calvet.

Le pays des Voconces, dont la ville principale était *Ouasion*, Vaison, s'étendait de l'Est à l'Ouest, depuis les frontières des Cavares jusqu'aux Alpes ; et, du Midi au Nord, depuis le Vardon jusqu'à l'Isère.

Les Rhodiens, peuple Dorien, furent les pre-miers Grecs qui s'établirent dans nos con-trées. Ils donnèrent le nom de *Rhodanus* au fleuve, près de l'embouchure duquel ils bâti-rent la ville de *Rhoda* ou *Rhodanusia* ; aujour-d'hui *Pecais* sur la rive droite du Rhône, près d'Aigues-Mortes. Long-temps après, les Phocéens, peuple de l'Ionie, fondèrent la ville de Marseille ; et tandis que les Rhodiens possédaient la rive droite du Rhône, les nouveaux colons formèrent des établissements sur la rive gauche.

Avant que les Cavares et les Voconces eussent communiqué avec les Grecs, ils se gouvernaient par leurs propres lois, et avaient les mœurs, les usages, la religion et la langue des Celtes, dont ils fesaient partie. Je ne dirai rien de leur religion, qui était celle des Druides : il en est parlé dans presque tous les livres qui ont traité de l'histoire des Gaules. Ils adoptèrent dans la suite les Dieux des Grecs et des Romains, auxquels ils sacrifiè-rent jusqu'à ce qu'ils fussent éclairés par la lu-mière de l'Evangile. Quant à la langue, je laisse aux savants qui consacrent leurs veilles à l'étude de l'antiquité, la tâche pénible de pénétrer dans ce chaos; je me bornerai à donner une idée de leurs mœurs et de leurs usages.

Les mœurs de ces peuples étaient simples, la bravoure en fut toujours la première vertu, l'ac-quérir, leur premier devoir. Le mépris pour les lâches, la vénération pour les Dieux, et le respect

Marginal notes:
Colonia hist. de Lyon.

Etienne de Bizance.

Avant J. C. 599 ans.

Papon.

pour le sexe ; furent dans tous les temps
les caractères distinctifs des Gaulois, et se firent
plus particulièrement remarquer chez les Provençaux, les premiers peuples policés de la Gaule.
Tacite.
Ann. l. 11.
c. 224. Aussi, disait Tacite, on croirait, à leur poli-
tesse et à leur urbanité, qu'ils sont nés à
l'ombre du Capitole.

César les taxe de légéreté, d'insconstance et
d'indiscrétion : ils sont, dit-il, amateurs du chan-
gement, avides de nouvelles ; ils délibèrent lé-
gérement sur les affaires les plus graves, se dé-
cident promptement, et un instant après se
repentent du parti qu'ils viennent de prendre :
terribles, impétueux dans le premier choc, ils
ne savent pas se rallier dans la déroute. Cette
ardeur bouillante, que l'Italien appelle encore la
furia francese, les avait rendus si redoutables à
Rome, que, les considérant comme ses plus dan-
gereux ennemis, elle déployait dans ses guerres
contre eux tout ce qu'elle avait de force, et la loi
Tumultus Gallicus était proclamée. Par cette loi,
que l'on ne publiait que dans les guerres contre
les Gaulois, et que nous pourrions traduire par
ces mots, *la patrie est en danger*, nul citoyen,
pas même les prêtres, n'était exempt de prendre les armes. Aussi la Gaule ne fut subjuguée
que lorsque l'Asie, l'Afrique et la Grèce eurent
subi le joug des Romains : conquête qu'ils
n'effectuèrent, qu'en armant ces nations les unes
contre les autres, et en fesant combattre Gaulois

contre Gaulois. Quoique par leur valeur ils fussent le premier des peuples, leur franchise naturelle les rendait si étrangers aux détours de la politique, qu'ils furent bientôt vaincus par une nation aussi profondément versée dans cette funeste science, que l'étaient les Romains.

Ces peuples, qui avant leur civilisation étaient presque nus, se revêtirent dans la suite d'une tunique peinte de diverses couleurs, d'un hoqueton à manches, qui leur descendait jusqu'aux genoux, et d'une espèce de grande culotte, qu'on appelait *Braccas* ; ce qui fit surnommer les Provençaux, *Galli braccati*.* Leurs cabanes, dans ces premiers temps, étaient grossièrement construites et couvertes de terre grasse et de roseaux, ils couchaient sur des feuilles sèches ou sur des peaux de loups et de chiens ; ils mangeaient des glands, de l'ail, de la viande et peu de pain. Le plus courageux se servait le premier. Cette prérogative fondée sur la valeur, chez une nation éminemment brave, occasionnait souvent des querelles, qui ne se terminaient pas sans effusion de sang.

Lorsqu'ils eurent appris des Grecs à planter la vigne et l'olivier, à cultiver des arbres fruitiers et des légumes savoureux qui jusqu'alors leur avaient été inconnus, à perfectionner l'a-

Papon.

---

* En patois *Brayas.*

griculture, à se réunir dans des cités murées, et à connaître les arts mécaniques, leurs mœurs ne furent plus si grossières, le commerce en adoucit la rudesse. Les sciences auxquelles ils étaient propres par leur esprit vif et pénétrant, les rendirent le peuple le plus éclairé de la Gaule. Devenus riches par le commerce et l'industrie, on les vit joindre à la simplicité des mœurs, le faste dans les armes et le luxe dans le costume ; leurs boucliers et leurs épées étaient garnis de nacre et de corail, et leurs habits teints de pourpre et brodés en or. Ils étaient magnifiques jusque dans leurs funérailles ; tout ce que le défunt avait eu de plus précieux était placé avec lui sur le même bûcher : armes, ornements, chiens, chevaux, esclaves, tout était consumé dans les flammes ; les assistants y jetaient des lettres qu'ils adressaient aux personnes qu'ils avaient le plus chéries avant leur mort, bien persuadés que le défunt les leur rendrait.

Une autre superstition bien plus grossière était celle de prêter de l'argent dans ce monde, pour en retirer le payement dans l'autre, en ayant soin d'emporter avec soi les titres et les obligations, pour constater la créance à la première rencontre dans la nouvelle vie. Ils embaumaient avec beaucoup de soin, les têtes de ceux qui s'étaient distingués par leur sagesse ou leur héroïsme. On les montrait aux étrangers, et elles étaient conservées comme des reliques précieuses.

L'embonpoint était si déshonorant chez eux,
qu'ils portaient une ceinture pour s'empêcher de
grossir, et soumettaient à une amende celui qui
ne pouvait plus la mettre. Ils avaient pouvoir de
vie et de mort sur leurs femmes et leurs enfants.
Cet usage barbare donna naissance à une coutume
plus barbare encore : lorsqu'un chef de famille
venait à mourir, tous les parents se rassemblaient,
et sur le moindre soupçon que la veuve eût con-
tribué à sa mort, on examinait sa conduite et on
l'appliquait à la question : si la douleur arrachait
à sa faiblesse un aveu, elle était reconnue cou-
pable, on la brûlait, après lui avoir fait subir les
plus cruels supplices. Dans les mariages l'époux
mettait en commun avec sa femme une portion de
son bien, égale à celle qu'elle lui avait apportée
en dot, et après la mort de l'un des deux époux,
ces deux portions appartenaient au survivant.

Leur gouvernement était une oligarchie à-la-
fois militaire et religieuse. Les Druides y avaient
la principale part ; les Nobles, qui ne s'occu-
paient que de la chasse et de la guerre, étaient
ou les protecteurs ou les oppresseurs du peuple,
qui, exclu des affaires publiques, était obligé de se
mettre sous la protection d'un grand, pour être
à l'abri des persécutions d'un autre. Celui qui
était accablé de dettes, ou opprimé par un plus
fort que lui, s'engageait au service d'une per-
sonne considérable : de là naquit la servitude vo-
lontaire, que les nations du nord convertirent en

un code , qui a régi l'Europe pendant long-
temps.

Leurs lois étaient simples comme leurs mœurs,
et peu nombreuses : elles décernaient des peines
contre l'oisiveté , le larcin , le meurtre et les
violences ; l'intérêt public était toujours concilié
avec l'intérêt religieux. Parmi celles qui donnent
une idée avantageuse de leur prudence , nous ci-
terons une loi inviolable , qui , chez un peuple na-
turellement prompt à s'enflammer et facile à se
livrer au tumulte , était d'une grande sagesse :
elle ordonnait que tout individu qui apprendrait,
soit par le bruit public , soit par les peuples voisins, quelque nouvelle qui pourrait intéresser l'état,
devrait en avertir le Magistrat sans en faire part aux
autres habitants.

Les femmes avaient la juridiction des affaires
entre particuliers pour fait d'injures , et leurs ju-
gements étaient sans appel. Elles étaient même
consultées sur les affaires de l'état. C'étaient elles
encore qui rendaient les oracles , étant considérées
comme plus dignes que les hommes d'avoir commerce avec les Dieux et d'en être inspirées.

CHAPITRE

CHAPITRE II.

Villes Cavares et Voconces situées dans le Comtat-Vénaissin et dont les anciens ont parlé. Leur situation , leur antiquité , opinions diverses sur leur position. Avignon.

AVIGNON , d'après le témoignage de Borose, est la première ville fondée dans les Gaules par les enfants de Japhet. Quelle que soit la hardiesse de cette opinion , pouvons-nous refuser de croire que, si Avignon n'est pas l'unique berceau de nos pères , c'est du moins une des plus anciennes cités qui se soient élevées dans le midi des Gaules. En effet, quel site plus agréable aurait pu choisir le premier homme qui voulut fonder un établissement durable dans nos provinces ? Douceur et salubrité du climat , plaine riante et féconde , ciel pur et sans nuage , coteaux fertiles , trois rivières poissonneuses, dont deux , la Sorgue et la Durance, ont leur confluent avec le Rhône à demi-lieue du rocher des Dons , qui protège Avignon contre les vents du Nord et les inondations ; Chasse , pêche , tout ne dut-il pas sourire à ce père de famille , qui le premier s'arrêtant sur ce rocher , et promenant ses regards aux environs , vit couler à ses pieds un fleuve majestueux, dont les habitants n'avaient encore eu à combattre que la voracité de la loutre et l'industrie du castor, et dont les îles et les rivages étaient embellis par des bocages délicieux, qui par leur odeur suave annonçaient que les fruits les plus exquis y mûrissaient, et que les fleurs les plus agréables en rendaient le séjour enchanteur. A la vue d'un spectacle si séduisant, ne dut-il pas presser ses enfants dans ses bras, et leur dire ? C'est ici qu'il faut vivre et mourir.

Si donc la beauté du site a dû y fixer les premiers peuples qui passèrent les Alpes, ou qui abordèrent sur les côtes de la Méditerranée, est-il extraordinaire qu'Avignon leur doive son origine, et qu'il soit une des villes les plus antiques de la Gaule.

Artemidore, Strabon, Ptolomée.

Aouenion, nom celtique d'Avignon, trouvé sur d'anciennes médailles grecques, est formé des deux mots : *aouen*, fleuve, *ion*, dominateur,

Fortia-urban « d'où vient *Aouenion*, qui signifie dominateur du « fleuve, élevé au-dessus du fleuve : ce qui « marque exactement l'ancienne situation de la ville « sur le rocher que baignent les eaux du Rhône,

J. Guerin. « au-dessus duquel il est élevé d'environ 24

Apollinaire. « toises. » Les anciens géographes différent d'o-
Grégoire de pinion ; les uns l'appellent *Lavenicus*, de *Lavenic*
Tours. un de ses rois, *Avenicus*, *civitas Avenicorum*, *Ave-*
Pomponius *nici muri*; d'autres *Avenio*, *Aveniorum Colonia*:
Mela.

c'est sous ces dernières dénominations que nous fû-
mes connus des Romains.

Avignon dut son ancienne célébrité aux familles
phocéennes connues sous les noms de *Ions* (1) , ou
Cavares Asiens qui fuyant la tyrannie d'Harpagus ,
après la prise de Phocée par les Perses , vinrent
chercher un réfuge à Marseille. Sa position avantageuse et ses relations commerciales avec cette ville
dont elle était le principal entrepôt sur le Rhône ,
y fixa ce peuple fugitif. Dès lors les Avignonais
prirent les mœurs , les usages , la religion , et le

---

(1) *Cavares-Asiens.* Suivant Valladerio , Fontian dans
son livre *De inclinatione romani imperii* , attribue à Lavenic ,
capitaine des Cavares Asiens , et conducteur d'une colonie
grecque , la fondation d'Avignon. Fantoni combat cette
opinion. Cependant on est forcé de reconnaître l'existence
de ce Lavenic , puisque la colline appellée Mont-de-
Vergues , a porté le nom de Lavenic jusque vers le milieu
du 13.me siècle. Ne serait-il pas vraisemblable de voir ,
dans ce capitaine , l'un des principaux chefs des habitans
de Phocée , qui pour se soustraire au despotisme d'Harpagus , lieutenant de Cyrus , s'embarquèrent avec leurs
femmes et leurs enfants , vinrent aborder à Marseille ,
et de là se répandirent dans les pays voisins ou dans les
colonies Marseillaises ? Le nom des Cavares-Asiens ou
Asiatiques , ne démontre-t-il pas que les nouveaux venus
se sont incorporés avec les premiers habitans , et qu'ils
n'ont fait qu'un même peuple , en se réunissant sous un
même nom , c'est-à-dire , en ajoutant à celui des anciens
possesseurs Cavares le surnom d'*Asiatiques* , qui représen-
taient les nouveaux citoyens ?

B 2

langage des Grecs ; ils apprirent d'eux à environner leurs villes de murailles, à élever des temples à leurs Dieux, et à préférer la force des lois à celles des armes.

Avignon, situé sous les 43 deg. 57 min. 8 sec. de latitude et 29 deg. 28 min. 33 sec. de longitude, était autrefois bâti sur la Roche des Dons, qui alors, étant réunie avec le Rocher d'Andon (1) sur lequel on voit le fort Saint-André, formait un vaste et superbe plateau. Là s'élevait ce temple de Diane, objet de la vénération des navigateurs, qui la saluaient par ces mots : *Ave Diana*. (2) Cet

Expilly. édifice était entouré d'un bois sacré : *In Avenione erat Templum in silvâ suprà montem castæ Dianæ venatrici dicatum.* Vers le penchant méridional de la montagne, dans l'emplacement où l'on voit aujourd'hui l'ancienne cathédrale dont le portique est d'une architecture antique, était le temple d'Hercule surnommé l'Avignonais, que la tradition populaire a long-temps regardé comme le fondateur d'Avignon : la statue de ce Dieu, qui, du temps d'Urbain V, était encore en face du portique, fut, par ses ordres, renversée et enfouie, ainsi qu'un

---

(1) *Rocher d'Andon.* Vers l'an 561, les deux rochers se séparèrent, et ouvrirent entr'eux un libre cours aux eaux du Rhône. J'en parlerai en son temps.

(2) *Ave Diana.* Selon quelques auteurs, le salut s'adressait à la déesse Io ou Isis ; et c'est de-là, que selon eux est venu *Avenio*, de *Ave Io.*

grand nombre d'antiquités, sous les fondements du Palais Apostolique ; on lisait sur son piédestal l'inscription suivante :

HERCVLI AVENICO
DEO POTENTI PROTECTORI
C. TVSCILIVS
PRO CIVIVM VENICORVM
SVSCEPTO VOTO
T. M. D. D.

Un autre temple, dédié par Auguste aux Vents Circiens, dominait sur la Roche des Dons. Quoiqu'aucun auteur ne fixe le lieu où ce temple a été construit, tous s'accordent cependant à croire que c'est à Avignon, qui sous Jules César était la principale ville des Cavares, une des plus florissantes de la Gaule Narbonaise, celle à qui les Romains avaient donné l'épithète de venteuse : *Avenione ventosa : sine vento venenosa*. Le nom d'*Aurosa*, dérivé d'*aura*, *bise*, qu'avait la porte septentrionale de cet édifice, accrédite cette opinion : mais ce qui y donne un plus grand poids et nous fait présumer qu'il était digne d'avoir été élevé par Auguste, c'est la magnifique construction de ce monument, (1) dont les murs et les colonnes étaient d'un beau marbre, et d'une élégante architecture.

Senec, l. 5. Quæst. Natur. Eusèbe Didier.

Strabon. Pomponius Mela.

Fantoni.

---

(1) *Ce monument.* Ce temple a été détruit par le désastre du 29 août 1650, dont je ferai connaître les détails.

L'ancienne ville d'Avignon, extrêmement fortifiée par l'art et la nature, assise sur la roche des Dons, s'étendant vers la plaine du côté du midi, environnée en grande partie par le Rhône, (1) était le boulevard de la Province Romaine. Elle formait un carré presque parfait ; ses murailles étaient bâties sur des arceaux ainsi que cela se pratiquait autrefois dans les villes sujettes aux inondations. « Ce qui reste « de ces arceaux annonce la plus solide structure « et la plus noble magnificence : ils étaient bâtis « de gros quartiers de pierre les uns taillés en lo- « sange, les autres en pointe de diamants. Ces pierres « étaient placées avec la plus parfaite symétrie. « Au-dessus des arceaux s'élevait la muraille qui était « flanquée de distance en distance de tours rondes « d'une épaisseur extraordinaire, et bâtie avec un « art merveilleux... »

Il est difficile, dit M. de Caylus en parlant d'Avignon, de trouver des antiquités dans les villes extrêmement anciennes ; cependant il lui attribue le buste d'un petit terme qui servait dans un la- raire : il représentait un jeune Faune.

Parmi les médailles antiques des Gaulois, il en est une qui, selon M. Pellerin, appartient à Avignon. D'un côté, on voit la tête d'un jeune homme cou- ronné de lauriers, sans légende ; au revers, un sanglier avec ces lettres grecques, A O Y E.

Marginal notes:
Loco firmis- simo Avenio- nem urbem munitissi- mam et mon- tuosam. Grég. Tur. l. 6.

Expilly.

Papon.

---

(1) *Par le Rhône.* Mummolus postquam intrà muros urbis illius est ingressus, ut, quia pars pauca residebat quæ non vallabatur à Rhodano..... *Gr. Tur.*

La colonne de jaspe où était représentée la vic- Fantoni.
toire de D. Ænobarbus sur les Allobroges, que
l'on trouva en fouillant près des remparts en 1146,
devait être l'ornement d'une place publique. Ce
monument, que l'on ne peut trop regretter, dut être
confondu avec les antiquités qui furent ensevelies
sous les fondements du Palais.

Dans tous les temps les fouilles qui ont été
faites dans Avignon, ont été suivies de décou-
vertes précieuses. On conserve, nous dit Fantoni, dans le musée de M. Henri Suarez un
grand nombre d'antiquités, parmi lesquelles on
remarque une lampe de terre portant l'empreinte
d'un chameau couché, et une médaille de Trajan. (1)
M. J. Suarez, ajoute le même historien, parle d'une
médaille de l'empereur Galba, trouvée à Avignon.

En réparant le pavé de la cour de S. Didier, en Expilly.
1619, on rencontra une muraille composée de
grandes pierres carrées et des tronçons de colonnes.
Lors de la fondation du Noviciat des Jésuites,
en 1624, on découvrit un petit tombeau en forme
de voute, qui contenait une urne et des lacrimatoi-
res ; en 1650, on trouva des colonnes de porphire
et des débris de statues dans le jardin de M. Alphon-
se ; en 1730, dans la rue Pellisserie, (2) un gros

---

(1) La lampe fut trouvée derrière l'église St. Pierre,
et la médaille dans les fondements du chapitre de Sainte
Magdeleine.

(2) *Rue Pélisserie*, Isle 73, n.° 8.

tuyau en plomb, du poids de 18 quintaux, prenant sa direction vers l'Hôtel de Ville ; un pareil canal en plomb fut trouvé dans la rue Bancasse (1) avec cette inscription.

Q. LICINIVS PATER N.

Expilly. *Grutter*, dans son recueil d'inscriptions anciennes, rapporte des fragments de l'inscription des bains publics qu'il y avait autrefois à Avignon.

NIMPHIS SACR.
LETREBONIVS PATEN
LIB. FORTVNATVS
VOTO POSVIT·
SIGNVM COMBASI. M.
ET. ÆDEM F. CVR.

Suivant le témoignage de M. J. Guerin, M. Calvet a recueilli l'inscription suivante :

COL. JUL. HDRIAN. AVEN.

Deux Mosaïques d'un beau dessin se voyaient en 1811, la première dans la rue Bonnetterie ; (2) elle est déposée au Musée Calvet : l'autre à côté de l'Eglise de Notre-Dame, (3) on la brisa en voulant l'enlever.

---

(1) *Rue Bancasse.* Isle 109, n.° 7.
(2) *Rue Bonnetterie.* Isle 67, n.° 4.
(3) *Notre-Dame.* Les débris de cette Mosaïque, qui fut découverte par l'auteur de cet ouvrage, furent transportés à l'Hôtel-de-Ville.

Des

Des canaux souterrains, des aqueducs spacieux
existent encore, et parcourent une grande partie de
la ville. En creusant un puits dans la rue Orangerie (1) en 1805, on découvrit un de ces canaux,
les maçons y descendirent, et, à la clarté d'un flam-
beau, ils pénétrèrent jusque sous la rue Bancasse ;
mais la lumière s'étant éteinte, ils furent obligés
de rétrograder et n'osèrent plus poursuivre leurs
recherches. Les caves de la rue des Grottes renfer-
ment les restes d'un ancien amphithéâtre. Dans plusieurs maisons de la rue petite Fusterie, il y a des
colonnes avec leurs chapiteaux, et divers morceaux
d'architecture antique. Mais il est aisé de remarquer
que tous ces vestiges, l'arc brisé qui sert de base
au clocher de Ste. Magdelaine, et le monument
dont on a découvert les fondements en 1818,
appartiennent à l'architecture grecque, ce qui fait
présumer qu'ils existaient avant les Romains, et
que nous les devons aux Phocéens, ou du moins,
que c'est des Doriens ou des Ioniens que nos pères apprirent l'art de bâtir.

Ce dernier monument reposait sur des masses
de pierres énormes ; la façade principale était au
midi et se prolongeait jusques sous l'Eglise S.
Agricol ; tous ses débris retraçaient le goût des
Grecs dans sa noble simplicité, et nous indiquaient
que par-tout, et particulièrement dans les quartiers

Fantoni.

---

(1) *Rue Orangerie.* Isle 134 . n.º 6.

Tome I. C.

élevés de l'ancienne ville , l'on serait sûr de trouver des vestiges de notre antique origine.

Avignon ayant été ruiné par les Vandales , les Visigots et les Allemands , saccagé et dévasté par les Sarrasins , livré à toutes les horreurs d'une ville prise d'assaut par Charles Martel , renversé par la sentence foudroyante du légat Saint-Ange , qui en fit démolir les triples remparts et les trois cents plus beaux édifices , n'est maintenant qu'une ville moderne réédifiée sur les décombres de l'ancienne.

CHAPITRE III.

Suite des villes Cavares dont les anciens ont parlé,
Orange, Carpentras, Cavaillon.

ORANGE, *Civitas Arausione, Arausio Secunda-*   Strabon.
norum, était une des principales villes des Cavares ; ses antiquités donnent une haute idée de
sa première grandeur. Devenue colonie romaine
et le séjour des soldats de la deuxième légion,
les Romains se plurent à embellir une ville où ils
venaient se délasser des fatigues de la guerre. Le
théâtre dont il reste de superbes vestiges, le
cirque, dont le portique existe encore, l'amphithéâtre, dont les fondements se voyaient, il y a dix
ans, attestent l'ancienne splendeur d'Orange, la
magnificence des Romains et leur prédilection pour
cette ville. Mais ce qui lui donne un vernis d'antiquité, qui la classe parmi les premières cités de la
Gaule Narbonnaise, c'est ce majestueux arc de
triomphe (1) dont l'origine a exercé la sagacité de nos

(1) *Arc de triomphe.* Voici la description de ce
beau monument d'après, M. J. C. MARTIN. « La voûte
de son Arc triomphal, de forme carrée, (hors la porte

plus savants antiquaires. Les uns l'attribuent à Domitius Ænobarbus, le vainqueur des Allobroges ;

---

qui mène à Lyon) , a trois portes de pierres. Les archivoltes des arceaux soutenus de quatre colonnes corinthiennes , à canelures , présentent avec goût une superbe guirlande de fleurs et des fruits du dessin le plus
riche.

Au-dessus de l'Arc de Triomphe paraissent des faisceaux d'armes, des épées, des piques, des porcs servant
d'enseignes ; enfin des boucliers. Les mots de quatre
d'entr'eux sont illisibles. On lit sur l'un, au haut , VDILLVS,
EVOC...., au bas du même ; sur un autre, DACVRD : ce-
lui-ci offre le mot MARIO ; celui-là , SACROVIR.

La frise est couverte de combattants , de gladiateurs de
petite stature ; sa corniche est fruste.

Un attique règne au-dessus du grand arc. La poupe
d'un vaisseau, des tridents et divers instruments de marine
embellissent la corniche supérieure , qui supporte les arcs
de moindre grandeur.

Une seconde corniche , au dessus, soutient le deuxième
stylobate. Ce stylobate surmonte le grand arc , offre à la
vue une bataille sanglante ; de larges boucliers couvrent
la poitrine des barbares demi-nus, aux prises avec les Romains en armes. De part et d'autre on remarque de la
cavalerie.

A côté de la bataille du plus vif intérêt , au-dessus du
petit arc oriental, est la figure d'une femme en repos,
appuyant la tête sur sa main. Il n'existe aucun vestige
des sculptures de la partie supérieure de l'arc occidental.

Quatre colonnes corinthiennes de forme pyramidale
tronquée, fort élégantes, d'une belle conservation, soutiennent la face qui regarde l'Orient. Entre ces colonnes ,

les autres à Marius , le destructeur des Teutons.
M. le baron de la Bâtie croit que ce monument

on voit des captifs , dont la physionomie se ressent de la
douleur et de la honte qu'ils éprouvent ; au-dessous
paraissent des faisceaux d'armes. Un attique , au milieu
duquel est la tête rayonnante de Phébus , encadré dans
un arceau, aux bords étoilés , surmonte la corniche , qui
manque en grande partie. Des deux angles de l'attique par-
tent deux cornes d'abondance.

Deux syrènes, au-dessus de l'attique, supportent la seconde
corniche ; ensuite une corniche , d'un beau travail, termine le grand stylobate du sommet, qui n'est pas couvert.

La face la plus intacte est celle du septentrion. Entre
l'architrave et les colonnes, de chaque côté, on distingue des trous de crampons, propres à sceller deux Renom-
mées ou d'autres grandes figures en bronze.

Sur la face méridionale , au-dessus des petits arcs , les
trophées se composent de boucliers , de piques , d'épées
et d'enseignes représentant un porc , et sont surmontés
d'une braye ou pantalon en usage chez les Gaulois.

Au haut vers la droite , au-dessus du petit arceau
oriental , on lit sur des boucliers : BEVE , vers le milieu ;
RATVI , sous le large bouclier, remarquable par deux ci-
gognes ; et .... OSRE , vers la gauche et au bas. Les
deux noms VAVNE , BODVACVS , se lisent sur des boucliers
de l'arceau du couchant.

Des vaisseaux , des mâts, des tridents et divers instruments maritimes , intacts jusqu'à ce jour , surmontent la
corniche et les deux côtés de l'attique. Le mât , le moufle
et le faisceau de cordage , paraissent en-dessous de l'arceau occidental.

Sur le grand stylobate supérieur , au haut du grand

représente les victoires que l'empereur Auguste a remportées sur mer et sur terre : le marquis de Maffey prétend que l'arc et les antiquités d'Orange sont du temps d'Adrien, et M. Menard les attribue à Jules César. Dans ce conflit d'opinions, de la part d'hommes profondément versés dans la

---

arc, on voit une bataille comme celle de la face méridionale ; et au levant, un homme à cheval semble sortir d'un enfoncement. Le *lituus*, bâton augural, la *patère*, le *Cympulum*, espèce de tasse à l'usage des libations, le *præfericulum*, grand vase avec une anse, et enfin l'*aspergillc*, instruments des Idolâtres, figurent à côté de l'enfoncement ci-dessus, sous l'arc oriental.

Il n'existe plus rien de la partie supérieure de la face occidentale; au bas, on distingue des captifs pareils à ceux de la face orientale, dont tout le haut a été restauré : vers le sommet, on lit cette inscription : DU RÈGNE DE M. MURE ROI. 1772.

Cette restauration date du règne d'un roi de l'oiseau ou du Papegay, compagnie d'arbalêtriers qui célébraient leurs jeux à l'Arc de Triomphe.

Une fort riche sculpture orne la partie inférieure de l'intérieur des arceaux; un dessin fort léger embellit les pieds droits des voûtes; mais rien n'égale le travail et la disposition élégante des caissons ; ceux du grand arc sont uniformes, le dessin en est magnifique. Dans le petit arc il s'en trouve de deux espèces, les uns sont hexagones, les autres en losange.

Une guirlande de fleurs et de fruits, que des têtes féminines soutiennent à certains intervalles, offre un agréable coup d'œil, au-dessus de l'imposte qui règne le long de la voûte du grand arc.

connaissance des monuments antiques, l'historien doit se contenter d'admirer ce bel ouvrage et dire que l'opinion la plus générale, la tradition populaire, en fait honneur à Marius.

Dans les fouilles qui ont été faites dans la ville et ses environs, on a trouvé en grande quantité des lares, des lampes, des urnes, des débris de colonnes et de statues, et des inscriptions. (1)

Orange recevait les eaux de la fontaine de Groseau, par un aqueduc dont on voit les débris près de Malaucène.

Le *Lavacrum*, dont les eaux miraculeuses rendaient fécondes les femmes stériles, existe encore au pied d'une roche voisine d'Orange, cette fontaine a perdu sa réputation.

Plusieurs mosaïques ont été trouvées dans cette ville ; on en voit encore deux : la plus curieuse est connue sous le nom de *chat de barrière* : le chat tenant une souris, qui était au centre, est entièrement détruit.

---

(1) *Inscriptions*. Il y a à Orange beaucoup d'inscriptions antiques ; les rapporter, ce serait ralentir notre marche : nous invitons les amateurs de l'antiquité, qui veulent s'instruire sur celles des villes d'Orange, de Carpentras et de Vaison, de lire *l'Histoire de la ville d'Orange et de ses antiquités*, par M. de Gasparin, et les *Antiquités et Inscriptions des villes de Die, d'Orange, de Vaison, d'Apt et de Carpentras*, par Jean-Claude Martin. ORANGE ; Bouchoni.

J. C. Martin. La route appelée *chemin royal*, qui, après avoir passé le pont d'Aigues, conduit d'Orange, à Uchaux, est l'ancienne *voie romaine* : deux voitures y passent de front, et elle se dirige l'espace d'une lieue en ligne droite.

Pline.
Ptolomée.
CAVAILLON , *Caballion* , *Civitas Cabelliorum* , et *Cavallicorum* , *Caballion urbs* , ancienne ville Cavare , entrepôt des Marseillais sur la Durance, et colonie romaine , était autrefois bâtie sur la montagne, et plus considérable qu'elle n'est actuellement. On y trouvait encore, du temps de Fantoni , des médailles , des débris d'antiquités , et on lisait sur les anciennes murailles cette inscription :

IOVI M. A. M. V. S. L. M.

Ce même auteur ajoute qu'on voyait , dans le jardin du marquis de la Barthalasse , une belle statue androgyne , représentant la terre , ainsi figurée pour marquer sa fécondité.

Il existait à Cavaillon un collége d'Utriculaires, c'est-à-dire un corps de bateliers. La preuve de l'existence des Utriculaires se tire d'une médaille qui représente d'un côté une outre enflée , et de l'autre cette inscription :

COL. VTRI. CAB. L. VALER. SVCCES.

Collegium Utricularium , *Cabelliensium* , *Lucius Valerius successus.* Ces bateliers , établis par les Phocéens, communiquaient par Arles avec Marseille,

seille , d'où retournant par le Rhône et la Durance ,
ils distribuaient aux Vulgientes et aux Voconces les
marchandises qu'ils en tiraient. Quoique cette rivière
ne soit plus navigable , il est certain, par des char-
tes des onzième et douzième siècles, que les ba-
teaux la remontaient à une grande distance de son
confluent avec le Rhône , et qu'ils payaient un
droit aux comtes de Provence.

L'arc de triomphe, dont on voit les fragments
dans le jardin de l'ancien Prévôt de la cathédrale ,
nous prouve que Cavaillon était une ville impor-
tante de la province romaine. « Ce monument   Papon.
est une grande et seule arcade , avec un pilastre
de chaque côté qui est chargé de feuilles , en dessin courant et dont le chapiteau est orné de feuilles d'acanthe affectées , comme on le sait , à l'ordre corinthien , mais qui se trouve plus court d'un
module que les chapiteaux de cet ordre , et qui doit
faire juger que c'est ici un pilastre antique : on
voit au dessus des archivoltes ou cintres de l'arc ,
une victoire ailée dans chaque angle , tenant une
palme à la main droite et une couronne à la
gauche. »

CARPENTRAS , *Carpentoracte Meminiorum* ,   Pline.
Forum Neronis , capitale des Méminiens , devint   Ptolomée.
colonie romaine sous Jules César. Son nom est composé des trois mots celtiques, *Car* , ville , *Pen* , colline ; et *Toracte* , passage. Située au pied des monta-
gnes , elle était le passage, seul alors fréquenté , pour

Fantoni.

arriver aux Alpes. Le marché qu'y établit Tibère Neron , le père du successeur d'Auguste , la rendit florissante. Ce lieutenant de Jules César y érigea un tribunal pour rendre la justice aux Méminiens , et elle devint dans la suite la capitale du pays Vénaissin dont elle occupe le centre. Son origine, comme toutes les villes des Cavares, est d'une haute antiquité : détruite par les Vandales avec une telle barbarie que son Evêque fut forcé de transporter son siège à Vénasque , incendiée lors du conclave de 1308, elle n'a pu conserver que quelques vestiges de son ancienne grandeur. Fantoni nous dit qu'on voyait , dans le jardin de M. Brutinelli , un monument ancien sur lequel on lisait cette inscription :

D. M.
L TETTI
CASSIANI
POMPEIA
POTENTINA
CONIVGI
OPTIMO.

M. de Caylus (1) donne le dessin d'une lampe, très-bien conservée et d'un travail peu commun , trouvée à Carpentras. Sur cette lampe est représenté un soldat en armes et dans l'action du combat.

_____

(1) *M. de Caylus.* Recueil d'Antiquités , tom. 7 , p. 255.

On assure que sur une hauteur voisine de Carpentras, appelée *Mont Joïou* (Mons Jovis), il a
existé un temple dédié à Jupiter, et que l'Autel
votif, donné à la bibliothèque de cette ville par
les Messieurs Fournery, a été trouvé sur cette
colline.

M. J. C.
Martin.

Le seul monument que le temps avait respecté,
et que le fol orgueil des hommes a enseveli sous
une masse informe, est l'arc de triomphe que
l'on prétend avoir été érigé par D. Ænobarbus,
et que M. Ménard dit avoir été élevé pour consa-
crer le souvenir de la victoire que Septime Sévère
remporta sur l'armée d'Albinus, l'an de J. C.
197. Il est maintenant enveloppé dans la maçon-
nerie du palais épiscopal, que le cardinal Bichi
fit construire vers le milieu du 17.ᵐᵉ siècle. Il
est difficile de donner la description de ce beau
reste de la grandeur romaine : cependant on
distingue encore dans les angles et sur les
côtés, des colonnes et des pilastres cannelés.
« Le corps entier du monument formait un
quarré long, de huit mètres sur quatre de
largeur et environ douze de hauteur, il est
bâti de gros quartiers de pierres de taille du pays.
Les arcades, ouvertes du Midi au Nord, étaient sup-
portées par des jambages cannelés et rudentés comme les colonnes, et ayant des bases semblables.
Les faces des côtés étaient probablement sculptées
dans leur partie supérieure : il n'y a actuellement
de visible que celle du couchant, et jusqu'à la moi-

Extrait de
l'annuaire de
l'an XII.

tié de sa hauteur seulement. Elle est ornée, entre
les colonnes , d'un grand trophée élevé et attaché
sur le haut d'un tronc d'arbre , de la partie supérieure duquel pendent , de chaque côté , deux boucliers , l'un hexagone, et l'autre ovale ; au-dessous
de ces boucliers , sort de chaque côté un faisceau
de javelots. Au milieu est une cotte d'armes dans
laquelle passe le haut du tronc d'arbre , dont le
faîte porte une espèce de casque d'où sortent de
longs cheveux. Au-dessous de ce trophée , et de chaque côté de l'arbre , est une figure d'homme de-
bout , qui paraît avoir les mains liées derrière le
dos , et dont le corps est couvert d'une espèce de
saie ou manteau long. Ces deux figures sont placées
en regard. On aperçoit , aux pieds de celle qui est
à droite , une espèce de queue d'animal qu'on ne
distingue pourtant qu'avec peine , cette partie ayant
été très-dégradée. »

CHAPITRE IV.

Suite des villes Cavares , Vénasque , Vedènes , Mornas , Aeria , Cypresseta , Acousion , Ma-chovilla et Fines.

Vénasque , *Vendacense* , *Vindausica* ; tire son nom de la vallée de *Nausica* ou *Nasca* , où coule la petite rivière *Nausica* (la Nesque). Cette ancienne ville des Méminiens , fut détruite par les Lombards dans le sixième siècle. Elle fut l'asile de l'Evêque de Carpentras , lorsque les Vandales et les Alains dévastèrent la province romaine. Une inscription , déposée à la bibliothèque de Carpentras , nous indique qu'il y a existé des fontaines publiques. J. C. Martin.

C VEVEIUS

FRONTO

FONTEM LON

P XXX LAT P. XV

ET VIAM AD FON.

LATAM P IIII

POPVLO

D. S. D.

On y remarque des vestiges d'un temple dont on ne voit plus que quelques colonnes , des pans

de murailles et les fondements ; il était, selon les
uns, dédié à Diane, et selon d'autres, à Vénus.

Max. Pazzis:
« Cet édifice formait un quarré, long d'environ
douze mètres de longueur sur cinq de largeur, dans
lequel étaient quatre demi-cercles placés en forme
de croix. L'espace qui était au milieu des quatre
enfoncements circulaires, fut sans doute destiné à
placer la statue de la Divinité à laquelle il était
dédié. Sur l'angle et à la jonction de chacun de ces
demi-cercles, étaient placées deux colonnes de
marbre gris, d'ordre corinthien, avec la base
attique : ces huit colonnes soutenaient quatre arcs
doubleaux, qui portaient une espèce de dôme, de
forme octogone, ouvert par le haut. Chaque demi-
cercle était décoré, dans le fond, de six colonnes du même marbre que les autres, mais plus
petites ; celles-ci soutenaient de petits cintres qui
portaient d'une colonne à l'autre. Sur la gauche de
l'entrée du Temple, étaient deux tuyaux de pierre, pratiqués à travers le mur, et à un mètre du
rez-de-chaussée, qui servaient à introduire l'eau
dans l'intérieur de l'édifice. »

Strabon.
Florus.
Borose.
VEDENES, *Ouindalion*, *Vindalum*, *Vinda-
lium*. *Ouindalion* est son vrai nom Cavare.
Il n'est pas probable, comme l'ont avancé
plusieurs écrivains, que cette ville ait
été détruite par D. Ænobarbus, après la
victoire qu'il remporta sur les Allobroges,
puisque Strabon en parle comme encore exis-

tante de son temps. *Tertius est Sulgas , qui ad Vindalum urbem Rhodano miscetur.* Selon M. de Fortia d'Urban , l'ancienne *Ouindalion* est Bedarrides : il fonde son opinion sur le mot latin de ce bourg , *Bitturitæ* (ayant deux tours) , à cause des tours élevées sur le champ de bataille par Domitius. Bedarrides peut être le lieu où elles ont été construites , sans être *Ouindalion* , et en adoptant même que ces tours ont été bâ- ties sur le lieu où se trouve Bedarrides , ne pouvons-nous pas croire aussi qu'elles ont donné naissance à ce bourg , et que des maisons se réunirent autour , pour se mettre sous leur protection ? Vedènes n'est qu'à une petite lieue de l'embouchure de la Sorgue , tandis que Bedarri- des en est beaucoup plus éloignée ; Vedènes est bâtie sur une élévation qui domine une grande plaine et qui termine une longue suite de co- teaux , comme presque toutes les villes extrême- ment anciennes ; près de ce bourg , non loin de la montagne de Séve , on a découvert un ci- metière où tous les corps sont enfermés dans des tombeaux de brique , et dont la longueur démesu- rée des ossemens prouve la supériorité physi- que que nos pères avaient sur nous. L'opinion la plus accréditée , celle qu'ont adoptée Fan- toni , Suarès et Danville , est que le bourg de Vedènes a été bâti non loin de l'ancienne *Ouindalion.* Ce qui rend encore cette opi- nion vraisemblable , c'est la position de ce vil-

Fantoai.

Fortias.

lage et le nom de *pras de guerrou* (prés de guerre), que la tradition a conservé à la plaine qui
est au Nord-ouest, sur la route directe de l'embouchure de la Sorgue. En effet quelle position
dut prendre Domitius, après - avoir traversé la
Durance, en rencontrant les ennemis postés avan-
tageusement sur les bords de la Sorgue ? Ne dut-
il pas appuyer sa droite à la montagne de Séve,
le centre à Vedènes et la gauche à Avignon,
alors l'allié des romains ? La colonne de jaspe
trouvée dans cette ville, ne prouve-t-elle pas
qu'elle a été le témoin de cette bataille ? Toutes
les probabilités se réunissant en faveur de Vedènes, je crois devoir présumer que l'ancienne
Ouindalion, avant sa destruction par les Vandales,
a existé dans le voisinage de ce bourg.

Calvet.

P. Bonaven-
ture.

MORNAS (1) dispute à Carpentras et à Forcalquier, le nom de *Forum Neronis*. Serait-il im-
possible que Tibère Néron, lorsqu'il fut chargé de

---

(1) M. de Caylus dans ses antiquités Gauloises, tome 6
page 334, article Mornas, donne le dessin d'un superbe
morceau d'architecture. Le pilastre, dit-il, est d'un très-
beau granit rouge, la corniche aussi, et la base de marbre
blanc.... Quoique la conservation soit généralement assez
bonne, il n'y a rien d'aussi bien conservé que le lion prêt
à dévorer une tête d'homme et d'un aussi beau travail..... On veut dans le pays que la figure soit celle
d'Apollon : un homme qui l'a vue lorsqu'elle avait à
conduire

conduire les colonies romaines dans la Gaule Narbonnaise, eût établi plusieurs marchés chez différents

---

encore sa tête , m'a dit qu'elle était couronnée de
laurier......

Ce monument.... prouve combien ce canton de la Provence a toujours été décoré , peut-être même avant la
conquête des Gaules par les Romains ; car j'entrevois
plusieurs parties qui sentent bien l'ancienne Grèce. Il serait à désirer que ce pays pût être fouillé en présence de
quelque antiquaire riche, zélé et éclairé. »

Voici la lettre que lui écrivait M. Calvet , d'Avignon , en, lui envoyant le dessin de ce monument,
même tome , page 332.

« Monsieur , je vais vous dire tout ce que je sais de
Mornas , puisque vous me le demandez.

Cette très-petite ville , ou plutôt ce village est situé
sur le bord du Rhône à six lieues d'Avignon et à deux
d'Orange , sur la route d'Avignon à Lyon ; il est dans
le Comtat Vénaissin, et par conséquent sur la rive droite
du Rhône , en montant ; il y a cependant un terrain
considérable entre le Rhône et Mornas. Ce lieu est cé-
lèbre par les fureurs du baron des Adrets : les habitans
de Mornas montrent encore le lieu près de leurs mon-
tagnes , d'où ce barbare précipitait les Catholiques.

Tantùm relligio potuit suadere malorum !

Mornas est dans une plaine ; il ne consiste que dans
une seule rue , formée par des maisons assez bien bâtie ; il est environné de murailles du côté du Rhône,
l'autre côté est borné par une haute montagne , sur
laquelle est bâti l'ancien château dont l'exposition est

Tome I.   E

peuples ? Les Romains tenaient beaucoup à la noble ambition d'éterniser leur mémoire : ils don-
naient leurs noms aux colonies, aux marchés,
aux villes qu'ils fondaient. C'était même une ré-

---

au couchant, tirant vers le midi. J'ai observé que les
remparts étaient bâtis de moellons antiques, et présen-
taient des restes de corniches, ainsi que d'autres ornements tirés de la façade dont il me reste à parler : ces
débris prouvent combien le pays a été bouleversé. Plusieurs habitants de Mornas m'ont dit qu'il y a des vestiges de bâtiments depuis Mornas jusqu'à une demi-lieue
au-delà. Le monument dont je vous envoie le dessin est,
sans contredit, le plus apparent du lieu ; il est placé
à la droite en entrant dans la ville, du côté d'Orange ;
la muraille latérale fait partie du rempart, qui ca-
che une portion de la façade. Ce bâtiment est appelé
dans le pays le Temple de Diane ; car tout est consacré à cette Déesse dans ces cantons : où ne sait rien
à Mornas de son ancien nom. M. de Régis, qui m'y
rendit des services, me dit que ce pourrait être l'ancienne *Aëria* : j'ai réfléchi sur cette opinion, et j'ai vu
par cent raisons que cela ne pouvait être ; mais je suis
fortement persuadé que c'est le *Forum Neronis*, qui paraît avoir été appelé auparavant *Colonia Julia Meminiorum*. Dans une inscription trouvée auprès d'Orange
et citée par le marquis Maffei, on lit :

COL. JVL. MEM. HEREDES EX TESTAMENTO.

Je sais que ce n'est pas le sentiment de M. Danville ;
mais malgré la vénération que j'ai pour ses lumières,
je ne puis croire que *Forum Neronis* soit Forcalquier.
Je suis etc.

compense nationale que l'exercice de ce droit.
Tibère Néron, l'ami intime, le dépositaire des
pensées de Jules César, devait en jouir pleine-
ment, lorsque Marseille ayant perdu sa puissance
et ses alliés, ceux-ci devinrent sujets des Romains.
On prétend qu'après avoir établi des colonies dans
le pays des Cavares et des Méminiens, il fonda
Mornas, « où l'on voit encore les restes d'un   Fortia-
temple de la même construction que le Cirque   d'Urban.
d'Orange, dont la moitié du frontispice subsiste
aujourd'hui. Il est embelli de diverses figures de
divinités, d'animaux et de festons de jaspe. »
« Ce temple, consacré jadis à Diane, est devenu   Max. Pazzis.
une église chrétienne ; le sanctuaire, élevé de
douze marches, était, dit-on, le lieu des sacri-
fices offerts à la Déesse dont les attributs sont
sculptés sur les murs, sur la voûte et sur une
tour quarrée qui s'élève au-dessus. » On a trouvé Fortia-
à Mornas quantité de médailles, de statues et   d'Urban.
d'autres antiquités fort rares.

AERIA. Strabon dit qu'entre la Durance et l'Isère Papon.
il y avait trois villes, Aouenion, Arausion et *Aëria*,
cette dernière est ainsi nommée parceque selon
Artemidore elle est située sur un lieu fort élevé. Tout le reste, ajoute-t-il, est un pays plat
et fertile en pâturages, mais depuis *Aëria* jusqu'à *Durion* (Livron) il est montagneux et couvert de bois. Selon M. Maxime Pazzis, « Valréas,
où l'on a trouvé beaucoup d'urnes, de médailles

E 2

et de vases antiques , est d'origine romaine ;
cette ville est située dans une vallée qui tirait son
nom d'*Aëria* , bâtie, selon le témoignage d'écrivains
anciens , sur la montagne de la Lence. » Si nous
prenons pour guide le rapport que les noms des
villes ont avec leurs noms anciens, surtout dans la
prononciation du patois, dont un grand nombre de
mots ont conservé leurs racines celtiques , nous
devons présumer que *Vaurias* , nom patois de Valréas , vient de *Aëria*. Danville place cette ville
sur le mont Ventoux ; Adrien de Valois à Ve-
nosque ; M. Papon croit qu'elle se trouvait entre
Orange et la rivière de la Drôme ; Fantoni , La
Martinière et Cellarius disent qu'elle a été détruite
et qu'il n'en reste aucune trace. « Cependant ,
a dit le premier , si elle a été rebâtie sous un
autre nom, je pense que c'est Mornas , château
fort sur le Rhône...... Ce qui le rapproche
du sentiment de M. de Fortia , qui dit que ce
doit être « Châteauneuf - Calcernier , situé sur
l'ancien chemin d'Orange à Avignon , et dont le
nom semble appartenir à une ville rebâtie après
la destruction d'une autre : le nom de cette
autre , qui est *Aëria* , subsiste encore dans une dé-
pendance de Châteauneuf , c'est-à-dire dans le château de Lers, en latin *Aëria* , sur une montagne
au bord du Rhône, en face de Roquemaure qui
est sur la rive opposée, entre l'embouchure de
la Sorgue et la ville de Caderousse. La situation
du Château de Lers justifie parfaitement le nom

d'*Aëria*. En effet il est placé dans une petite
île du Rhône très-avantageusement pour domi-
ner ce fleuve. Aussi M. Menard, qui a beaucoup
écrit sur les antiquités de notre pays, a-t-il déjà
reconnu le nom d'*Aëria* dans celui du Château de
Lers.... Cette ville d'*Aëria* s'étendait jusqu'à une
métairie qui a conservé aussi son nom, puis-
qu'elle porte celui d'Auriac, terre appartenant
aujourd'hui à M. d'Allosier, et où il y a un port
sur le Rhône à l'embouchure de la Meyne dans
ce fleuve. »

CYPRESSETA. S'il est vrai, ainsi que l'assurent
Fantoni et Scaliger, qu'il y a eu une ville au confluent de la Sorgue et du Rhône, ce ne peut être
que *Cypresseta*, d'après l'itinéraire de Bordeaux à Jé-
rusalem qui place Avignon à une égale distance de
Bellinto (Barbantane), et de Cypresseta située
sur la route d'Orange. L'opinion de l'historien
Bouche est qu'elle a existé dans l'Isle de la Barthalasse, ce qui, dans la supposition qu'elle ait été
détruite par les Vandales et que les débris aient été
emportés par le Rhône, n'est pas invraisemblable.
M. Papon vient à l'appui de cette conjecture, en
disant qu'elle serait mieux placée *au Port de la
Traille*, qui n'est séparé de l'Isle de la Bartha-   Papon.
lasse que par un bras du Rhône, et où l'on prétend avoir trouvé des débris d'antiquités Romaines, qui prouveraient l'existence d'une ancienne
ville. Danville place *Cypresseta* au pont de Sor-

gues : opinion combattue par M. de Fortia, qui dit que la ville a été construite pour le pont Fantoni. et non le pont pour la ville. Ce qui cependant nous prouve que Cypresseta a existé au Port de la Traille, ce sont les débris d'antiquités Romaines et les ossements renfermés dans des urnes de terre cuite qui y ont été trouvées, ainsi que les bords élevés du Rhône, qui, dans cet endroit, dûrent résister à son impétuosité, jusqu'au moment où il se fraya une route nouvelle entre la Roche de Dons et le fort Saint-André.

ACOUSION. Ptolomée est le seul auteur ancien qui parle d'*Acousion*. M. l'Abbé de Saint-Veran pense que c'est Ancone, ville Cavare Tricastinienne, située sur les bords du Rhône près de Montelimar. M. de Fortia-d'Urbau, en fondant son opinion sur le nom d'*Acous* qu'il donne à la rivière d'*Aigues*, dit que c'est Queiranne. Si nous adoptons le système de l'analogie des noms anciens et modernes, ne serait-ce pas Courthezon ? Le voisinage d'un étang salé ne suppose-t-il pas que dans les temps reculés, où les peuples avaient peu de communication entr'eux, une ville a pu s'élever à quelque distance de cet étang, pour recueillir le sel et en faire un objet d'échange ou de commerce ?

MACHOVILLA, *Macheo*. Selon S. Grégoire de Tours, ce lieu était situé dans le territoire d'Avignon. Il est si difficile de déterminer sa position, que

je me bornerai à faire connaître l'opinion des auteurs qui en ont parlé. Bouche prétend que
l'ancienne *Machao* est l'Isle. M. Papon, en disant
qu'il a lu quelque part que Menerbe s'appelait
Manancha , ajoute qu'il ne balance pas à croire
que c'est *Machovilla*.

FINES. L'itinéraire d'Antonin place *Fines* à six
milles d'Apt et à douze de Cavaillon. Bouche croit
que c'est Oppède , et Sanson penche pour Bau-
mettes. La difficulté de fixer sa vraie position ,
et ces deux opinions étant vraisemblables, je les
respecte sans me déterminer pour aucune.

CHAPITRE V.

Vaison , ville Voconce situés dans le Comtat
Vénaissin. Antiquités.

Vaison , *Ouasion , Vasio.* L'ancienne ville de
Vaison , une des plus opulentes des Voconces ,
fédérée des Romains , n'existe plus. Saccagée par
les Gots , les Vandales et les Sarrasins , elle fut
réduite en cendres par Raimond VI , comte de
Toulouse , lorsque son Evêque , d'après l'excom-
munication du Pape , refusa de reconnaître en
lui son souverain : Raimond la prit de vive force ,
et la livra aux flammes. Les habitants entreprirent
de relever leur antique cité : mais contraints de
chercher un abri contre les bandes qui désolaient
la contrée, ils élevèrent une nouvelle ville sous la
protection du château que le comte de Toulouse avait fait construire sur la montagne.

Pline.
Pomponius
Mela.

On voit encore l'emplacement de l'ancienne
Ouasion dans un vaste champ appelé la Villasse ,
où sont éparses quelques ruines , et où
l'on a trouvé des médailles , des urnes , des lacrymatoires , des colonnes d'une circonférence extraordinaire , des bas reliefs , des statues et des
inscriptions dont voici les plus remarquables.

GENIO COLLEGII
CENTONIARUM
VAS. R. S.

Cette

Cette inscription appartenait au collége des Papon.
Centonaires, compagnie chargée de fabriquer les
tentes et autres objets nécessaires au campement
des troupes.

MARTI

ET VASIONI

TACITUS.

Celle-ci nous prouve que nos ancêtres avaient
pour leur patrie autant de respect que pour
leurs Dieux.

D. SALLUSTO AC

CEPTO OPIFICES

LAPIDARII

OB SEPULTURAM

EJUS.

L'émulation, la mère du génie, a toujours
enfanté des prodiges. Et si les vestiges des édifices antiques excitent notre admiration, c'est
parcequ'ils étaient élevés par des compagnies ou
des corporations, comme nous les voyons par
cette inscription des lapidaires ou *tailleurs de pierres.*

Il existe d'autres inscriptions relatives aux Nymphes
Persennes, aux Proximes, au Dieu Doluvius, aux
Déesses mères, aux augustes Nymphes , etc. Cette
foule de divinités justifie bien ce que disait
Pétrone que, dans la province Narbonnaise , il était
plus facile de trouver un Dieu qu'un homme.

« Une foule d'antiquités se trouvent à Vaison ; Max. Pazzis.
mais elles semblent y avoir plus souffert de la

barbarie des peuples divers, que des ravages du
temps. Un seul monument y existe encore entier,
et sert toujours comme autrefois à l'utilité et à
la commodité publique : c'est un Pont sur la rivière de Louvèze. Il est d'une seule arche, ap-
puyée des deux côtés sur le roc vif, et qui a au
moins vingt mètres d'ouverture sur neuf de
largeur. Il est composé de quartiers de pierres
d'une grosseur énorme, et paraît, par sa soli-
dité, défier plus de siècles encore qu'il n'en a
déjà vus. L'époque de sa construction est incer-
taine, et on ne sait pourquoi quelques personnes
veulent qu'il ait été bâti pour y faire passer l'armée de Pompée allant combattre en Espagne le
rebelle Sertorius. Séguier, de Nismes, ne voulait
point que ce Pont fût romain, mais grec ; on
pense cependant que les trous qui sont au
milieu de chaque pierre, indiquent un ouvrage Romain, puisque sur d'autres monuments
incontestablement de ce peuple, on voit de pareils trous au milieu des pierres. Il paraît donc
que ce Pont n'est pas plus ancien que les autres
monuments, fruits d'une longue paix et d'une
grande opulence, qui embellirent autrefois la ville
de Vaison, et dont on aperçoit les restes épars.
Tels sont, sur la rive droite de Louvèze, les débris d'un quai superbe qui avait trois cents mètres de
longueur, avec des égouts d'une largeur et d'une pro-
fondeur étonnante ; les ruines d'un Cirque ou Théâtre agonistique, dont on voit encore deux arceaux

et une des avenues, qui a trente mètres de longueur, et est taillée dans le roc ; les fragments d'un
Temple consacré à Diane, et d'un très-bel ordre
d'architecture ; les vestiges d'un aqueduc qui conduit les eaux de la fontaine du Groseau aux bains
publics ; une multitude de bas reliefs, de statues,
de sarcophages, d'urnes, de colonnes, d'inscriptions et de médailles dont le détail serait im-
mense : d'où on peut croire sans peine que Vaison
est la ville de France où il se rencontre le plus
d'antiquités Romaines. »

Si le Comtat Vénaissin est le pays de la France
qui offre le plus de monuments anciens, dont
les ruines attestent son antique splendeur et les
désastres dont il a été accablé, nous les devons à la protection spéciale qui lui était accor-
dée par Rome, à la longue paix dont il a joui
depuis les victoires de Marius jusqu'aux Vandales,
paix qui pendant six siècles n'a été que légé-
rement troublée, et plus particulièrement à l'architecture grecque qui, avant les Romains, em-
bellissait nos cités. Aussi, pour faire connaître
ce qui reste encore dans ce pays des débris de
notre grandeur passée, et avant de terminer
cette partie intéressante de notre Histoire, je
crois devoir citer quelques passages de M. Maxime
Pazzis.

« Sur le torrent du Caulon ou Calavon, et dans
le territoire de Bonnieux, on voit le Pont Jullien,
attribué par la tradition populaire à Jules César,

mais que son nom même paraît indiquer n'avoir
été bâti que près de quatre siècles après par
l'Empereur Julien, pendant son séjour dans les
Gaules, et n'étant encore que César. Ce Pont est
composé de trois arches à plein cintre, soutenues
par des piles et appuyées à des culées entaillées
dans le roc vif. L'ouvrage est d'une rare solidi-
té, construit en pierres de taille d'un grand ap-
pareil : il mérita toujours sous ce rapport l'atten-
tion des curieux. On y a fait, en 1784, des ré-
parations nécessitées enfin par le temps.

On remarque à S. Roman, l'inscription *Deo*
Sylvano sur une Chapelle rustique auprès de laquelle on a trouvé plusieurs lacrymatoires ; à
Vaucluse, les restes d'un Aqueduc qu'on prétend avoir conduit autrefois les eaux de cette
source aux Bains et à la Normachie de la ville
d'Arles ; près d'Auribeau, sur la cime d'un cô-
teau du Léberon, un ancien Fort bâti par les
Romains, selon l'opinion du pays; un vieux édifice appelé *le Gouvernement*, bâti aussi par eux,
à Entrechaux ; une inscription déchiffrée, à Gordes, sur une pierre qu'on croit avoir fait partie
d'un monument considérable ; à Béaumes, les
restes d'un antique château d'un abord presque
inaccessible, où il y a des chambres souterraines très-
vastes qui communiquent à des cavernes enfoncées
dans la montagne, et un peu plus loin des tombeaux
en pierres de taille, dans lesquels on a trouvé,
avec des ossemens humains, diverses petites

pièces de monnaies en argent et en cuivre, portant d'un côté des têtes coiffées en cheveux , et
de l'autre les lettres *M. A.* ; aux environs de
Bollène plus particulièrement , dans un terrain
appelé Saint-Crépin , des mosaïques , des marbres,
des médailles : et , à la montagne dite de Barris ,
beaucoup d'urnes , de coupes , de lampes sépul-
crales , de médailles Phocéennes , Consulaires et
des Empereurs ; des tombeaux en brique , et
enfin les restes bien conservés d'une voie publique , construite , dit-on , par Agrippa. Nous ci-
terons encore une découverte récente , qui pourra
peut-être servir à l'histoire si obscure des
anciens peuples des Gaules : c'est la découverte
de cent quatre-vingt-dix médailles trouvées dans
la terre par M. de Billioti, maire de Joncquiè-
res , en fesant planter un arbre à sa campagne
de Beauregard , sur les bords de Louvèze. Ces
médailles , petites à la vérité , mais en argent,
sont de deux espèces : les unes n'ont point d'inscription , les autres portent deux ou trois mots
en caractères étrusques. La coupe de toutes
est à-peu-près la même ; mais celles qui ont
une inscription semblent mieux frappées. Les unes
et les autres ont d'un côté l'empreinte d'une tête
d'homme , de l'autre celle d'une tête de cheval : elles appartiennent maintenant à M. de
Fortia - d'Urban , qui en a fait le sujet d'une
dissertation intéressante qu'on lit dans les mé-
moires de l'Athenée de Vaucluse pour l'an 1806. »

CHAPITRE VI.

Alliance des Cavares avec les Boyens et les In-
subriens. Guerre contre les Romains. Combat
de Clusium. Bataille de Telamon.

D ES mots Celtiques *Cat* , guerre , et *War* ,
homme vaillant , vient le nom de Cavares. Les
anciens rois de ce peuple sont inconnus. Il me serait facile de faire régner dans Avignon les *Sa-*
mothos , les *Magog* , les *Bardus* , etc. (1) Mais
remplacer la vérité par le merveilleux n'est pas
le but que je désire atteindre. Aussi , quoique
cette nation guerrière ne dut pas rester oisive
spectatrice des expéditions de Bellovèse et de Bren-
nus en Italie , auxquelles toute la Gaule prit
part , voulant me renfermer absolument dans
ce qui concerne ma patrie , je ne franchirai cette
limite , que lorsque la clarté de l'histoire l'exigera.
Je commencerai donc cet ouvrage , par un fait qui
nous a été transmis par les historiens romains , et
que nous pouvons sans crainte attribuer à nos pères.

_____

(1) *Bardus* , *etc.* Anciens rois des Gaules.

Je me bornerai dans tout le cours de cette Histoire
aux événements qui, dans l'antiquité, ont rapport
aux Cavares et aux Voconces ; dans le moyen âge,
à Avignon, au Comtat Vénaissin et à Orange ; et
de nos jours, au Département de Vaucluse.

Aussi injustes qu'habiles conquérants, les Ro- *Avant J. C.* 220.
mains, poussés par un tribun ambitieux et malgré
l'opposition du Sénat, qui prévoyait les dangers
d'une guerre contre les Gaulois, firent passer *Polybe.*
une loi tendante à ce qu'on distribuât au peuple
les terres conquises sur les Sénonais. (1) Les
Gaulois Insubriens et les Boyens, voisins de ce
peuple, frémirent d'indignation à la vue de ces
malheureux, qui, réduits à la plus dure extrémité,
venaient leur demander un asile et du pain. Ils
virent que Rome combattait moins pour la gloire
que pour satisfaire une sordide avarice, et pré-
voyant que le jour où elle leur réservait un sort
aussi déplorable approchait, ils prirent la noble
résolution de prévenir par les armes une si fatale
destinée ; mais trop faibles pour résister à la puissance romaine, et la réputation belliqueuse des Ca- *Avant J. C,*
vares étant parvenue jusqu'à eux, ils députent auprès 226.
des peuples qui habitent le long du Rhône, ils leur

---

(1) *Sénonais.* Peuples gaulois établis sur la côte de la
mer Adriatique, qui, soixante ans auparavant, avaient été
vaincus par les Romains, et dont les terres n'avaient pas
été partagées.

rappellent les exploits de leurs ancêtres, les flattent par l'appas des richesses immenses que la prise de Rome leur procurera ; et ces nations guerrières, qui, toujours dans une agitation continuelle, étaient prêtes à marcher, lorsqu'il s'agissait d'expéditions où il y avait du butin à gagner et de la gloire à acquérir, levèrent une armée considérable, et, sous la conduite de deux de leurs rois, Concolitan et Aneroëste, ils passent les Alpes et se joignent aux Boyens et aux Insubriens.

Plutarque. A la nouvelle qu'une armée Gauloise avait franchi les Alpes, Rome trembla. L'alarme fut si grande, que la loi *Tumultus Gallicus* fut proclamée.

Orose. Un oracle de la Sibylle, qui prédisait que les Grecs et les Gaulois prendraient possession de Rome, ajouta à la terreur, et la consternation devint si générale, que, pour détourner l'effet d'une si terrible prédiction, les Pontifes eurent recours à un moyen affreux. Ils conseillèrent d'enterrer tout vivants deux Grecs et deux Gaulois, hommes et femmes. Ce sacrifice impie ayant été exécuté, le peuple crut l'oracle accompli.

Les Cavares, réunis à leurs alliés, avaient pénétré dans l'Etrurie : tout fuyait devant eux. Rome, qui aux dangers les plus imminents opposait toujours les mesures les plus extraordinaires, avait appelé à son secours tous les peuples de l'Italie.

Polybe. Ceux-ci épouvantés de l'irruption des Gaulois, et craignant plus pour eux-mêmes que pour les Romains, répondirent à cet appel. Huit cents

mille